# CHECK /DEBIT CARD TRANSACTION REGISTER

NUMBERED FROM ____________ TO ____________

DATED FROM ________________ TO ____________

PROPERTY OF ________________________________

| Date Range ______________________ | | | | Balance Brought Forward | | | | $ | |
|---|---|---|---|---|---|---|---|---|---|
| Debit/ Check Number | Date | Description of Transaction | √ | Withdrawal Amount/ Debit | | Deposit | | Balance | |
| | | | | | | | | | |
| | | | | | | | | | |
| | | | | | | | | | |
| | | | | | | | | | |
| | | | | | | | | | |
| | | | | | | | | | |
| | | | | | | | | | |
| | | | | | | | | | |
| | | | | | | | | | |
| | | | | | | | | | |
| | | | | | | | | | |
| | | | | | | | | | |
| | | | | | | | | | |
| | | | | | | | | | |
| | | | | | | | | | |
| | | | | | | | | | |
| | | | | | | | | | |

| Date Range ________________ | | | Balance Brought Forward | | | | | $ | |
|---|---|---|---|---|---|---|---|---|---|
| Debit/ Check Number | Date | Description of Transaction | √ | Withdrawal Amount/ Debit | | Deposit | | Balance | |
| | | | | | | | | | |
| | | | | | | | | | |
| | | | | | | | | | |
| | | | | | | | | | |
| | | | | | | | | | |
| | | | | | | | | | |
| | | | | | | | | | |
| | | | | | | | | | |
| | | | | | | | | | |
| | | | | | | | | | |
| | | | | | | | | | |
| | | | | | | | | | |
| | | | | | | | | | |
| | | | | | | | | | |
| | | | | | | | | | |
| | | | | | | | | | |

Date Range ______________________ | Balance Brought Forward | $

| Debit/ Check Number | Date | Description of Transaction | √ | Withdrawal Amount/ Debit | | Deposit | | Balance | |
|---|---|---|---|---|---|---|---|---|---|
| | | | | | | | | | |
| | | | | | | | | | |
| | | | | | | | | | |
| | | | | | | | | | |
| | | | | | | | | | |
| | | | | | | | | | |
| | | | | | | | | | |
| | | | | | | | | | |
| | | | | | | | | | |
| | | | | | | | | | |
| | | | | | | | | | |
| | | | | | | | | | |
| | | | | | | | | | |
| | | | | | | | | | |
| | | | | | | | | | |
| | | | | | | | | | |
| | | | | | | | | | |

| Date Range ____________________ | | | Balance Brought Forward | | | | | $ | |
|---|---|---|---|---|---|---|---|---|---|
| Debit/ Check Number | Date | Description of Transaction | √ | Withdrawal Amount/ Debit | | Deposit | | Balance | |
| | | | | | | | | | |
| | | | | | | | | | |
| | | | | | | | | | |
| | | | | | | | | | |
| | | | | | | | | | |
| | | | | | | | | | |
| | | | | | | | | | |
| | | | | | | | | | |
| | | | | | | | | | |
| | | | | | | | | | |
| | | | | | | | | | |
| | | | | | | | | | |
| | | | | | | | | | |
| | | | | | | | | | |
| | | | | | | | | | |
| | | | | | | | | | |
| | | | | | | | | | |

Date Range ______________________ Balance Brought Forward $

| Debit/ Check Number | Date | Description of Transaction | √ | Withdrawal Amount/ Debit | | Deposit | | Balance | |
|---|---|---|---|---|---|---|---|---|---|
| | | | | | | | | | |
| | | | | | | | | | |
| | | | | | | | | | |
| | | | | | | | | | |
| | | | | | | | | | |
| | | | | | | | | | |
| | | | | | | | | | |
| | | | | | | | | | |
| | | | | | | | | | |
| | | | | | | | | | |
| | | | | | | | | | |
| | | | | | | | | | |
| | | | | | | | | | |
| | | | | | | | | | |
| | | | | | | | | | |
| | | | | | | | | | |
| | | | | | | | | | |

| Date Range ______________________ | | | | Balance Brought Forward | | | | $ | |
|---|---|---|---|---|---|---|---|---|---|
| Debit/ Check Number | Date | Description of Transaction | √ | Withdrawal Amount/ Debit | | Deposit | | Balance | |
| | | | | | | | | | |
| | | | | | | | | | |
| | | | | | | | | | |
| | | | | | | | | | |
| | | | | | | | | | |
| | | | | | | | | | |
| | | | | | | | | | |
| | | | | | | | | | |
| | | | | | | | | | |
| | | | | | | | | | |
| | | | | | | | | | |
| | | | | | | | | | |
| | | | | | | | | | |
| | | | | | | | | | |
| | | | | | | | | | |
| | | | | | | | | | |
| | | | | | | | | | |

| Date Range ____________ | | | | Balance Brought Forward | | | | $ | |
|---|---|---|---|---|---|---|---|---|---|
| Debit/ Check Number | Date | Description of Transaction | √ | Withdrawal Amount/ Debit | | Deposit | | Balance | |
| | | | | | | | | | |
| | | | | | | | | | |
| | | | | | | | | | |
| | | | | | | | | | |
| | | | | | | | | | |
| | | | | | | | | | |
| | | | | | | | | | |
| | | | | | | | | | |
| | | | | | | | | | |
| | | | | | | | | | |
| | | | | | | | | | |
| | | | | | | | | | |
| | | | | | | | | | |
| | | | | | | | | | |
| | | | | | | | | | |
| | | | | | | | | | |
| | | | | | | | | | |

Date Range ____________________

Balance Brought Forward $

| Debit/ Check Number | Date | Description of Transaction | √ | Withdrawal Amount/ Debit | | Deposit | | Balance | |
|---|---|---|---|---|---|---|---|---|---|
| | | | | | | | | | |
| | | | | | | | | | |
| | | | | | | | | | |
| | | | | | | | | | |
| | | | | | | | | | |
| | | | | | | | | | |
| | | | | | | | | | |
| | | | | | | | | | |
| | | | | | | | | | |
| | | | | | | | | | |
| | | | | | | | | | |
| | | | | | | | | | |
| | | | | | | | | | |
| | | | | | | | | | |
| | | | | | | | | | |
| | | | | | | | | | |
| | | | | | | | | | |

| Date Range ______________________ | | | Balance Brought Forward | | | | | $ | |
|---|---|---|---|---|---|---|---|---|---|
| Debit/ Check Number | Date | Description of Transaction | √ | Withdrawal Amount/ Debit | | Deposit | | Balance | |
| | | | | | | | | | |
| | | | | | | | | | |
| | | | | | | | | | |
| | | | | | | | | | |
| | | | | | | | | | |
| | | | | | | | | | |
| | | | | | | | | | |
| | | | | | | | | | |
| | | | | | | | | | |
| | | | | | | | | | |
| | | | | | | | | | |
| | | | | | | | | | |
| | | | | | | | | | |
| | | | | | | | | | |
| | | | | | | | | | |
| | | | | | | | | | |
| | | | | | | | | | |

| Date Range ____________________ | | | Balance Brought Forward | | | | | $ | |
|---|---|---|---|---|---|---|---|---|---|
| Debit/ Check Number | Date | Description of Transaction | √ | Withdrawal Amount/ Debit | | Deposit | | Balance | |
| | | | | | | | | | |
| | | | | | | | | | |
| | | | | | | | | | |
| | | | | | | | | | |
| | | | | | | | | | |
| | | | | | | | | | |
| | | | | | | | | | |
| | | | | | | | | | |
| | | | | | | | | | |
| | | | | | | | | | |
| | | | | | | | | | |
| | | | | | | | | | |
| | | | | | | | | | |
| | | | | | | | | | |
| | | | | | | | | | |
| | | | | | | | | | |

| Date Range ________________ | | | | Balance Brought Forward | | | | $ | |
|---|---|---|---|---|---|---|---|---|---|
| Debit/ Check Number | Date | Description of Transaction | √ | Withdrawal Amount/ Debit | | Deposit | | Balance | |
| | | | | | | | | | |
| | | | | | | | | | |
| | | | | | | | | | |
| | | | | | | | | | |
| | | | | | | | | | |
| | | | | | | | | | |
| | | | | | | | | | |
| | | | | | | | | | |
| | | | | | | | | | |
| | | | | | | | | | |
| | | | | | | | | | |
| | | | | | | | | | |
| | | | | | | | | | |
| | | | | | | | | | |
| | | | | | | | | | |
| | | | | | | | | | |
| | | | | | | | | | |

Date Range ______________________ | Balance Brought Forward | $

| Debit/ Check Number | Date | Description of Transaction | √ | Withdrawal Amount/ Debit | | Deposit | | Balance | |
|---|---|---|---|---|---|---|---|---|---|
| | | | | | | | | | |
| | | | | | | | | | |
| | | | | | | | | | |
| | | | | | | | | | |
| | | | | | | | | | |
| | | | | | | | | | |
| | | | | | | | | | |
| | | | | | | | | | |
| | | | | | | | | | |
| | | | | | | | | | |
| | | | | | | | | | |
| | | | | | | | | | |
| | | | | | | | | | |
| | | | | | | | | | |
| | | | | | | | | | |
| | | | | | | | | | |
| | | | | | | | | | |

| Date Range ______________________ | | | | Balance Brought Forward | | | | $ | |
|---|---|---|---|---|---|---|---|---|---|
| Debit/ Check Number | Date | Description of Transaction | √ | Withdrawal Amount/ Debit | | Deposit | | Balance | |
| | | | | | | | | | |
| | | | | | | | | | |
| | | | | | | | | | |
| | | | | | | | | | |
| | | | | | | | | | |
| | | | | | | | | | |
| | | | | | | | | | |
| | | | | | | | | | |
| | | | | | | | | | |
| | | | | | | | | | |
| | | | | | | | | | |
| | | | | | | | | | |
| | | | | | | | | | |
| | | | | | | | | | |
| | | | | | | | | | |
| | | | | | | | | | |
| | | | | | | | | | |

Date Range ______________________ | Balance Brought Forward | $

| Debit/ Check Number | Date | Description of Transaction | √ | Withdrawal Amount/ Debit | | Deposit | | Balance | |
|---|---|---|---|---|---|---|---|---|---|
| | | | | | | | | | |
| | | | | | | | | | |
| | | | | | | | | | |
| | | | | | | | | | |
| | | | | | | | | | |
| | | | | | | | | | |
| | | | | | | | | | |
| | | | | | | | | | |
| | | | | | | | | | |
| | | | | | | | | | |
| | | | | | | | | | |
| | | | | | | | | | |
| | | | | | | | | | |
| | | | | | | | | | |
| | | | | | | | | | |
| | | | | | | | | | |
| | | | | | | | | | |

| Date Range ______________________ | | | Balance Brought Forward | | | | $ | | |
|---|---|---|---|---|---|---|---|---|---|
| Debit/ Check Number | Date | Description of Transaction | √ | Withdrawal Amount/ Debit | | Deposit | | Balance | |
| | | | | | | | | | |
| | | | | | | | | | |
| | | | | | | | | | |
| | | | | | | | | | |
| | | | | | | | | | |
| | | | | | | | | | |
| | | | | | | | | | |
| | | | | | | | | | |
| | | | | | | | | | |
| | | | | | | | | | |
| | | | | | | | | | |
| | | | | | | | | | |
| | | | | | | | | | |
| | | | | | | | | | |
| | | | | | | | | | |
| | | | | | | | | | |
| | | | | | | | | | |

| Date Range ____________________ | | | Balance Brought Forward | | | | | $ | |
|---|---|---|---|---|---|---|---|---|---|
| Debit/ Check Number | Date | Description of Transaction | √ | Withdrawal Amount/ Debit | | Deposit | | Balance | |
| | | | | | | | | | |
| | | | | | | | | | |
| | | | | | | | | | |
| | | | | | | | | | |
| | | | | | | | | | |
| | | | | | | | | | |
| | | | | | | | | | |
| | | | | | | | | | |
| | | | | | | | | | |
| | | | | | | | | | |
| | | | | | | | | | |
| | | | | | | | | | |
| | | | | | | | | | |
| | | | | | | | | | |
| | | | | | | | | | |
| | | | | | | | | | |
| | | | | | | | | | |

| Date Range ______________________ | | | | Balance Brought Forward | | | | $ | |
|---|---|---|---|---|---|---|---|---|---|
| Debit/ Check Number | Date | Description of Transaction | √ | Withdrawal Amount/ Debit | | Deposit | | Balance | |
| | | | | | | | | | |
| | | | | | | | | | |
| | | | | | | | | | |
| | | | | | | | | | |
| | | | | | | | | | |
| | | | | | | | | | |
| | | | | | | | | | |
| | | | | | | | | | |
| | | | | | | | | | |
| | | | | | | | | | |
| | | | | | | | | | |
| | | | | | | | | | |
| | | | | | | | | | |
| | | | | | | | | | |
| | | | | | | | | | |
| | | | | | | | | | |
| | | | | | | | | | |

| Date Range ______________________ | | | | Balance Brought Forward | | | | $ | |
|---|---|---|---|---|---|---|---|---|---|
| Debit/ Check Number | Date | Description of Transaction | √ | Withdrawal Amount/ Debit | | Deposit | | Balance | |
| | | | | | | | | | |
| | | | | | | | | | |
| | | | | | | | | | |
| | | | | | | | | | |
| | | | | | | | | | |
| | | | | | | | | | |
| | | | | | | | | | |
| | | | | | | | | | |
| | | | | | | | | | |
| | | | | | | | | | |
| | | | | | | | | | |
| | | | | | | | | | |
| | | | | | | | | | |
| | | | | | | | | | |
| | | | | | | | | | |
| | | | | | | | | | |
| | | | | | | | | | |

| Date Range ______________________ | | | | Balance Brought Forward | | | | $ | |
|---|---|---|---|---|---|---|---|---|---|
| Debit/ Check Number | Date | Description of Transaction | √ | Withdrawal Amount/ Debit | | Deposit | | Balance | |
| | | | | | | | | | |
| | | | | | | | | | |
| | | | | | | | | | |
| | | | | | | | | | |
| | | | | | | | | | |
| | | | | | | | | | |
| | | | | | | | | | |
| | | | | | | | | | |
| | | | | | | | | | |
| | | | | | | | | | |
| | | | | | | | | | |
| | | | | | | | | | |
| | | | | | | | | | |
| | | | | | | | | | |
| | | | | | | | | | |
| | | | | | | | | | |
| | | | | | | | | | |

| Date Range ____________________ | | | Balance Brought Forward | | | | | $ | |
|---|---|---|---|---|---|---|---|---|---|
| Debit/ Check Number | Date | Description of Transaction | √ | Withdrawal Amount/ Debit | | Deposit | | Balance | |
| | | | | | | | | | |
| | | | | | | | | | |
| | | | | | | | | | |
| | | | | | | | | | |
| | | | | | | | | | |
| | | | | | | | | | |
| | | | | | | | | | |
| | | | | | | | | | |
| | | | | | | | | | |
| | | | | | | | | | |
| | | | | | | | | | |
| | | | | | | | | | |
| | | | | | | | | | |
| | | | | | | | | | |
| | | | | | | | | | |
| | | | | | | | | | |
| | | | | | | | | | |

| Date Range ______________________ | | | Balance Brought Forward | | | | | $ | |
|---|---|---|---|---|---|---|---|---|---|
| Debit/ Check Number | Date | Description of Transaction | √ | Withdrawal Amount/ Debit | | Deposit | | Balance | |
| | | | | | | | | | |
| | | | | | | | | | |
| | | | | | | | | | |
| | | | | | | | | | |
| | | | | | | | | | |
| | | | | | | | | | |
| | | | | | | | | | |
| | | | | | | | | | |
| | | | | | | | | | |
| | | | | | | | | | |
| | | | | | | | | | |
| | | | | | | | | | |
| | | | | | | | | | |
| | | | | | | | | | |
| | | | | | | | | | |
| | | | | | | | | | |
| | | | | | | | | | |

| Date Range ______________________ | | | | Balance Brought Forward | | | | $ | |
|---|---|---|---|---|---|---|---|---|---|
| Debit/ Check Number | Date | Description of Transaction | √ | Withdrawal Amount/ Debit | | Deposit | | Balance | |
| | | | | | | | | | |
| | | | | | | | | | |
| | | | | | | | | | |
| | | | | | | | | | |
| | | | | | | | | | |
| | | | | | | | | | |
| | | | | | | | | | |
| | | | | | | | | | |
| | | | | | | | | | |
| | | | | | | | | | |
| | | | | | | | | | |
| | | | | | | | | | |
| | | | | | | | | | |
| | | | | | | | | | |
| | | | | | | | | | |
| | | | | | | | | | |

Date Range ______________________ Balance Brought Forward $

| Debit/ Check Number | Date | Description of Transaction | √ | Withdrawal Amount/ Debit | | Deposit | | Balance | |
|---|---|---|---|---|---|---|---|---|---|
| | | | | | | | | | |
| | | | | | | | | | |
| | | | | | | | | | |
| | | | | | | | | | |
| | | | | | | | | | |
| | | | | | | | | | |
| | | | | | | | | | |
| | | | | | | | | | |
| | | | | | | | | | |
| | | | | | | | | | |
| | | | | | | | | | |
| | | | | | | | | | |
| | | | | | | | | | |
| | | | | | | | | | |
| | | | | | | | | | |
| | | | | | | | | | |
| | | | | | | | | | |

Date Range ______________________ | Balance Brought Forward | $

| Debit/ Check Number | Date | Description of Transaction | √ | Withdrawal Amount/ Debit | | Deposit | | Balance | |
|---|---|---|---|---|---|---|---|---|---|
| | | | | | | | | | |
| | | | | | | | | | |
| | | | | | | | | | |
| | | | | | | | | | |
| | | | | | | | | | |
| | | | | | | | | | |
| | | | | | | | | | |
| | | | | | | | | | |
| | | | | | | | | | |
| | | | | | | | | | |
| | | | | | | | | | |
| | | | | | | | | | |
| | | | | | | | | | |
| | | | | | | | | | |
| | | | | | | | | | |
| | | | | | | | | | |
| | | | | | | | | | |

| Date Range ______________________ | | | | Balance Brought Forward | | | | $ | |
|---|---|---|---|---|---|---|---|---|---|
| Debit/ Check Number | Date | Description of Transaction | √ | Withdrawal Amount/ Debit | | Deposit | | Balance | |
| | | | | | | | | | |
| | | | | | | | | | |
| | | | | | | | | | |
| | | | | | | | | | |
| | | | | | | | | | |
| | | | | | | | | | |
| | | | | | | | | | |
| | | | | | | | | | |
| | | | | | | | | | |
| | | | | | | | | | |
| | | | | | | | | | |
| | | | | | | | | | |
| | | | | | | | | | |
| | | | | | | | | | |
| | | | | | | | | | |
| | | | | | | | | | |

| Date Range ______________________ | | | Balance Brought Forward | | | | | $ | |
|---|---|---|---|---|---|---|---|---|---|
| Debit/ Check Number | Date | Description of Transaction | √ | Withdrawal Amount/ Debit | | Deposit | | Balance | |
| | | | | | | | | | |
| | | | | | | | | | |
| | | | | | | | | | |
| | | | | | | | | | |
| | | | | | | | | | |
| | | | | | | | | | |
| | | | | | | | | | |
| | | | | | | | | | |
| | | | | | | | | | |
| | | | | | | | | | |
| | | | | | | | | | |
| | | | | | | | | | |
| | | | | | | | | | |
| | | | | | | | | | |
| | | | | | | | | | |
| | | | | | | | | | |
| | | | | | | | | | |

Date Range ______________________ | Balance Brought Forward | $

| Debit/ Check Number | Date | Description of Transaction | √ | Withdrawal Amount/ Debit | | Deposit | | Balance | |
|---|---|---|---|---|---|---|---|---|---|
| | | | | | | | | | |
| | | | | | | | | | |
| | | | | | | | | | |
| | | | | | | | | | |
| | | | | | | | | | |
| | | | | | | | | | |
| | | | | | | | | | |
| | | | | | | | | | |
| | | | | | | | | | |
| | | | | | | | | | |
| | | | | | | | | | |
| | | | | | | | | | |
| | | | | | | | | | |
| | | | | | | | | | |
| | | | | | | | | | |
| | | | | | | | | | |
| | | | | | | | | | |

| Date Range ____________________ | | | Balance Brought Forward | | | | | $ | |
|---|---|---|---|---|---|---|---|---|---|
| Debit/ Check Number | Date | Description of Transaction | √ | Withdrawal Amount/ Debit | | Deposit | | Balance | |
| | | | | | | | | | |
| | | | | | | | | | |
| | | | | | | | | | |
| | | | | | | | | | |
| | | | | | | | | | |
| | | | | | | | | | |
| | | | | | | | | | |
| | | | | | | | | | |
| | | | | | | | | | |
| | | | | | | | | | |
| | | | | | | | | | |
| | | | | | | | | | |
| | | | | | | | | | |
| | | | | | | | | | |
| | | | | | | | | | |
| | | | | | | | | | |
| | | | | | | | | | |

| Date Range ____________________ | | | | Balance Brought Forward | | | | $ | |
|---|---|---|---|---|---|---|---|---|---|
| Debit/ Check Number | Date | Description of Transaction | √ | Withdrawal Amount/ Debit | | Deposit | | Balance | |
| | | | | | | | | | |
| | | | | | | | | | |
| | | | | | | | | | |
| | | | | | | | | | |
| | | | | | | | | | |
| | | | | | | | | | |
| | | | | | | | | | |
| | | | | | | | | | |
| | | | | | | | | | |
| | | | | | | | | | |
| | | | | | | | | | |
| | | | | | | | | | |
| | | | | | | | | | |
| | | | | | | | | | |
| | | | | | | | | | |
| | | | | | | | | | |
| | | | | | | | | | |

| Date Range ______________________ | | | Balance Brought Forward | | | | | $ | |
|---|---|---|---|---|---|---|---|---|---|
| Debit/ Check Number | Date | Description of Transaction | √ | Withdrawal Amount/ Debit | | Deposit | | Balance | |
| | | | | | | | | | |
| | | | | | | | | | |
| | | | | | | | | | |
| | | | | | | | | | |
| | | | | | | | | | |
| | | | | | | | | | |
| | | | | | | | | | |
| | | | | | | | | | |
| | | | | | | | | | |
| | | | | | | | | | |
| | | | | | | | | | |
| | | | | | | | | | |
| | | | | | | | | | |
| | | | | | | | | | |
| | | | | | | | | | |
| | | | | | | | | | |
| | | | | | | | | | |

| Date Range ________________ | | | Balance Brought Forward | | | | | $ | |
|---|---|---|---|---|---|---|---|---|---|
| Debit/ Check Number | Date | Description of Transaction | √ | Withdrawal Amount/ Debit | | Deposit | | Balance | |
| | | | | | | | | | |
| | | | | | | | | | |
| | | | | | | | | | |
| | | | | | | | | | |
| | | | | | | | | | |
| | | | | | | | | | |
| | | | | | | | | | |
| | | | | | | | | | |
| | | | | | | | | | |
| | | | | | | | | | |
| | | | | | | | | | |
| | | | | | | | | | |
| | | | | | | | | | |
| | | | | | | | | | |
| | | | | | | | | | |
| | | | | | | | | | |
| | | | | | | | | | |

| Date Range ____________________ | | | Balance Brought Forward | | | | $ | | |
|---|---|---|---|---|---|---|---|---|---|
| Debit/ Check Number | Date | Description of Transaction | √ | Withdrawal Amount/ Debit | | Deposit | | Balance | |
| | | | | | | | | | |
| | | | | | | | | | |
| | | | | | | | | | |
| | | | | | | | | | |
| | | | | | | | | | |
| | | | | | | | | | |
| | | | | | | | | | |
| | | | | | | | | | |
| | | | | | | | | | |
| | | | | | | | | | |
| | | | | | | | | | |
| | | | | | | | | | |
| | | | | | | | | | |
| | | | | | | | | | |
| | | | | | | | | | |
| | | | | | | | | | |
| | | | | | | | | | |

| Date Range ____________________ | | | | Balance Brought Forward | | | | $ | |
| --- | --- | --- | --- | --- | --- | --- | --- | --- | --- |
| Debit/ Check Number | Date | Description of Transaction | √ | Withdrawal Amount/ Debit | | Deposit | | Balance | |
| | | | | | | | | | |
| | | | | | | | | | |
| | | | | | | | | | |
| | | | | | | | | | |
| | | | | | | | | | |
| | | | | | | | | | |
| | | | | | | | | | |
| | | | | | | | | | |
| | | | | | | | | | |
| | | | | | | | | | |
| | | | | | | | | | |
| | | | | | | | | | |
| | | | | | | | | | |
| | | | | | | | | | |
| | | | | | | | | | |
| | | | | | | | | | |
| | | | | | | | | | |

| Date Range ______________________ | | | Balance Brought Forward | | | | | $ | |
|---|---|---|---|---|---|---|---|---|---|
| Debit/ Check Number | Date | Description of Transaction | √ | Withdrawal Amount/ Debit | | Deposit | | Balance | |
| | | | | | | | | | |
| | | | | | | | | | |
| | | | | | | | | | |
| | | | | | | | | | |
| | | | | | | | | | |
| | | | | | | | | | |
| | | | | | | | | | |
| | | | | | | | | | |
| | | | | | | | | | |
| | | | | | | | | | |
| | | | | | | | | | |
| | | | | | | | | | |
| | | | | | | | | | |
| | | | | | | | | | |
| | | | | | | | | | |
| | | | | | | | | | |
| | | | | | | | | | |

| Date Range ______________________ | | | | Balance Brought Forward | | | | $ | |
|---|---|---|---|---|---|---|---|---|---|
| Debit/ Check Number | Date | Description of Transaction | √ | Withdrawal Amount/ Debit | | Deposit | | Balance | |
| | | | | | | | | | |
| | | | | | | | | | |
| | | | | | | | | | |
| | | | | | | | | | |
| | | | | | | | | | |
| | | | | | | | | | |
| | | | | | | | | | |
| | | | | | | | | | |
| | | | | | | | | | |
| | | | | | | | | | |
| | | | | | | | | | |
| | | | | | | | | | |
| | | | | | | | | | |
| | | | | | | | | | |
| | | | | | | | | | |
| | | | | | | | | | |
| | | | | | | | | | |

| Date Range ______________________ | | | | Balance Brought Forward | | | | $ | |
|---|---|---|---|---|---|---|---|---|---|
| Debit/ Check Number | Date | Description of Transaction | √ | Withdrawal Amount/ Debit | | Deposit | | Balance | |
| | | | | | | | | | |
| | | | | | | | | | |
| | | | | | | | | | |
| | | | | | | | | | |
| | | | | | | | | | |
| | | | | | | | | | |
| | | | | | | | | | |
| | | | | | | | | | |
| | | | | | | | | | |
| | | | | | | | | | |
| | | | | | | | | | |
| | | | | | | | | | |
| | | | | | | | | | |
| | | | | | | | | | |
| | | | | | | | | | |
| | | | | | | | | | |
| | | | | | | | | | |

| Date Range ____________________ | | | | Balance Brought Forward | | | | $ | |
|---|---|---|---|---|---|---|---|---|---|
| Debit/ Check Number | Date | Description of Transaction | √ | Withdrawal Amount/ Debit | | Deposit | | Balance | |
| | | | | | | | | | |
| | | | | | | | | | |
| | | | | | | | | | |
| | | | | | | | | | |
| | | | | | | | | | |
| | | | | | | | | | |
| | | | | | | | | | |
| | | | | | | | | | |
| | | | | | | | | | |
| | | | | | | | | | |
| | | | | | | | | | |
| | | | | | | | | | |
| | | | | | | | | | |
| | | | | | | | | | |
| | | | | | | | | | |
| | | | | | | | | | |
| | | | | | | | | | |

| Date Range ______________________ | | | Balance Brought Forward | | | | $ | | |
|---|---|---|---|---|---|---|---|---|---|
| Debit/ Check Number | Date | Description of Transaction | √ | Withdrawal Amount/ Debit | | Deposit | | Balance | |
| | | | | | | | | | |
| | | | | | | | | | |
| | | | | | | | | | |
| | | | | | | | | | |
| | | | | | | | | | |
| | | | | | | | | | |
| | | | | | | | | | |
| | | | | | | | | | |
| | | | | | | | | | |
| | | | | | | | | | |
| | | | | | | | | | |
| | | | | | | | | | |
| | | | | | | | | | |
| | | | | | | | | | |
| | | | | | | | | | |
| | | | | | | | | | |
| | | | | | | | | | |

| Date Range ____________________ | | | Balance Brought Forward | | | | | $ | |
|---|---|---|---|---|---|---|---|---|---|
| Debit/ Check Number | Date | Description of Transaction | √ | Withdrawal Amount/ Debit | | Deposit | | Balance | |
| | | | | | | | | | |
| | | | | | | | | | |
| | | | | | | | | | |
| | | | | | | | | | |
| | | | | | | | | | |
| | | | | | | | | | |
| | | | | | | | | | |
| | | | | | | | | | |
| | | | | | | | | | |
| | | | | | | | | | |
| | | | | | | | | | |
| | | | | | | | | | |
| | | | | | | | | | |
| | | | | | | | | | |
| | | | | | | | | | |
| | | | | | | | | | |
| | | | | | | | | | |

Date Range ____________________ Balance Brought Forward $

| Debit/ Check Number | Date | Description of Transaction | √ | Withdrawal Amount/ Debit | | Deposit | | Balance | |
|---|---|---|---|---|---|---|---|---|---|
| | | | | | | | | | |
| | | | | | | | | | |
| | | | | | | | | | |
| | | | | | | | | | |
| | | | | | | | | | |
| | | | | | | | | | |
| | | | | | | | | | |
| | | | | | | | | | |
| | | | | | | | | | |
| | | | | | | | | | |
| | | | | | | | | | |
| | | | | | | | | | |
| | | | | | | | | | |
| | | | | | | | | | |
| | | | | | | | | | |
| | | | | | | | | | |
| | | | | | | | | | |

| Date Range ______________________ | | | | Balance Brought Forward | | | | $ | |
|---|---|---|---|---|---|---|---|---|---|
| Debit/ Check Number | Date | Description of Transaction | √ | Withdrawal Amount/ Debit | | Deposit | | Balance | |
| | | | | | | | | | |
| | | | | | | | | | |
| | | | | | | | | | |
| | | | | | | | | | |
| | | | | | | | | | |
| | | | | | | | | | |
| | | | | | | | | | |
| | | | | | | | | | |
| | | | | | | | | | |
| | | | | | | | | | |
| | | | | | | | | | |
| | | | | | | | | | |
| | | | | | | | | | |
| | | | | | | | | | |
| | | | | | | | | | |
| | | | | | | | | | |
| | | | | | | | | | |

| Date Range ______________________ | | | Balance Brought Forward | | | | $ | | |
|---|---|---|---|---|---|---|---|---|---|
| Debit/ Check Number | Date | Description of Transaction | √ | Withdrawal Amount/ Debit | | Deposit | | Balance | |
| | | | | | | | | | |
| | | | | | | | | | |
| | | | | | | | | | |
| | | | | | | | | | |
| | | | | | | | | | |
| | | | | | | | | | |
| | | | | | | | | | |
| | | | | | | | | | |
| | | | | | | | | | |
| | | | | | | | | | |
| | | | | | | | | | |
| | | | | | | | | | |
| | | | | | | | | | |
| | | | | | | | | | |
| | | | | | | | | | |
| | | | | | | | | | |

| Date Range ____________________ | | | | Balance Brought Forward | | | | $ | |
|---|---|---|---|---|---|---|---|---|---|
| Debit/ Check Number | Date | Description of Transaction | √ | Withdrawal Amount/ Debit | | Deposit | | Balance | |
| | | | | | | | | | |
| | | | | | | | | | |
| | | | | | | | | | |
| | | | | | | | | | |
| | | | | | | | | | |
| | | | | | | | | | |
| | | | | | | | | | |
| | | | | | | | | | |
| | | | | | | | | | |
| | | | | | | | | | |
| | | | | | | | | | |
| | | | | | | | | | |
| | | | | | | | | | |
| | | | | | | | | | |
| | | | | | | | | | |
| | | | | | | | | | |
| | | | | | | | | | |

| Date Range ______________________ | | | | Balance Brought Forward | | | | $ | |
|---|---|---|---|---|---|---|---|---|---|
| Debit/ Check Number | Date | Description of Transaction | √ | Withdrawal Amount/ Debit | | Deposit | | Balance | |
| | | | | | | | | | |
| | | | | | | | | | |
| | | | | | | | | | |
| | | | | | | | | | |
| | | | | | | | | | |
| | | | | | | | | | |
| | | | | | | | | | |
| | | | | | | | | | |
| | | | | | | | | | |
| | | | | | | | | | |
| | | | | | | | | | |
| | | | | | | | | | |
| | | | | | | | | | |
| | | | | | | | | | |
| | | | | | | | | | |
| | | | | | | | | | |
| | | | | | | | | | |

| Date Range ______________________ | | | | Balance Brought Forward | | | | $ | |
|---|---|---|---|---|---|---|---|---|---|
| Debit/ Check Number | Date | Description of Transaction | √ | Withdrawal Amount/ Debit | | Deposit | | Balance | |
| | | | | | | | | | |
| | | | | | | | | | |
| | | | | | | | | | |
| | | | | | | | | | |
| | | | | | | | | | |
| | | | | | | | | | |
| | | | | | | | | | |
| | | | | | | | | | |
| | | | | | | | | | |
| | | | | | | | | | |
| | | | | | | | | | |
| | | | | | | | | | |
| | | | | | | | | | |
| | | | | | | | | | |
| | | | | | | | | | |
| | | | | | | | | | |
| | | | | | | | | | |

| Date Range ____________________ | | | | Balance Brought Forward | | | | $ | |
|---|---|---|---|---|---|---|---|---|---|
| Debit/ Check Number | Date | Description of Transaction | √ | Withdrawal Amount/ Debit | | Deposit | | Balance | |
| | | | | | | | | | |
| | | | | | | | | | |
| | | | | | | | | | |
| | | | | | | | | | |
| | | | | | | | | | |
| | | | | | | | | | |
| | | | | | | | | | |
| | | | | | | | | | |
| | | | | | | | | | |
| | | | | | | | | | |
| | | | | | | | | | |
| | | | | | | | | | |
| | | | | | | | | | |
| | | | | | | | | | |
| | | | | | | | | | |
| | | | | | | | | | |
| | | | | | | | | | |

| Date Range ______________________ | Balance Brought Forward | $ |
|---|---|---|

| Debit/ Check Number | Date | Description of Transaction | √ | Withdrawal Amount/ Debit | | Deposit | | Balance | |
|---|---|---|---|---|---|---|---|---|---|
| | | | | | | | | | |
| | | | | | | | | | |
| | | | | | | | | | |
| | | | | | | | | | |
| | | | | | | | | | |
| | | | | | | | | | |
| | | | | | | | | | |
| | | | | | | | | | |
| | | | | | | | | | |
| | | | | | | | | | |
| | | | | | | | | | |
| | | | | | | | | | |
| | | | | | | | | | |
| | | | | | | | | | |
| | | | | | | | | | |
| | | | | | | | | | |
| | | | | | | | | | |

Date Range ______________________ Balance Brought Forward $

| Debit/ Check Number | Date | Description of Transaction | √ | Withdrawal Amount/ Debit | | Deposit | | Balance | |
|---|---|---|---|---|---|---|---|---|---|
| | | | | | | | | | |
| | | | | | | | | | |
| | | | | | | | | | |
| | | | | | | | | | |
| | | | | | | | | | |
| | | | | | | | | | |
| | | | | | | | | | |
| | | | | | | | | | |
| | | | | | | | | | |
| | | | | | | | | | |
| | | | | | | | | | |
| | | | | | | | | | |
| | | | | | | | | | |
| | | | | | | | | | |
| | | | | | | | | | |
| | | | | | | | | | |
| | | | | | | | | | |

| Date Range ______________________ | | | | Balance Brought Forward | | | | $ | |
|---|---|---|---|---|---|---|---|---|---|
| Debit/ Check Number | Date | Description of Transaction | √ | Withdrawal Amount/ Debit | | Deposit | | Balance | |
| | | | | | | | | | |
| | | | | | | | | | |
| | | | | | | | | | |
| | | | | | | | | | |
| | | | | | | | | | |
| | | | | | | | | | |
| | | | | | | | | | |
| | | | | | | | | | |
| | | | | | | | | | |
| | | | | | | | | | |
| | | | | | | | | | |
| | | | | | | | | | |
| | | | | | | | | | |
| | | | | | | | | | |
| | | | | | | | | | |
| | | | | | | | | | |

| Date Range ________________ | | | | Balance Brought Forward | | | | $ | |
|---|---|---|---|---|---|---|---|---|---|
| Debit/ Check Number | Date | Description of Transaction | √ | Withdrawal Amount/ Debit | | Deposit | | Balance | |
| | | | | | | | | | |
| | | | | | | | | | |
| | | | | | | | | | |
| | | | | | | | | | |
| | | | | | | | | | |
| | | | | | | | | | |
| | | | | | | | | | |
| | | | | | | | | | |
| | | | | | | | | | |
| | | | | | | | | | |
| | | | | | | | | | |
| | | | | | | | | | |
| | | | | | | | | | |
| | | | | | | | | | |
| | | | | | | | | | |
| | | | | | | | | | |
| | | | | | | | | | |

| Date Range ________________________ | | | | Balance Brought Forward | | | | $ | |
|---|---|---|---|---|---|---|---|---|---|
| Debit/ Check Number | Date | Description of Transaction | √ | Withdrawal Amount/ Debit | | Deposit | | Balance | |
| | | | | | | | | | |
| | | | | | | | | | |
| | | | | | | | | | |
| | | | | | | | | | |
| | | | | | | | | | |
| | | | | | | | | | |
| | | | | | | | | | |
| | | | | | | | | | |
| | | | | | | | | | |
| | | | | | | | | | |
| | | | | | | | | | |
| | | | | | | | | | |
| | | | | | | | | | |
| | | | | | | | | | |
| | | | | | | | | | |
| | | | | | | | | | |
| | | | | | | | | | |

Date Range ______________________ | Balance Brought Forward | $

| Debit/ Check Number | Date | Description of Transaction | √ | Withdrawal Amount/ Debit | | Deposit | | Balance | |
|---|---|---|---|---|---|---|---|---|---|
| | | | | | | | | | |
| | | | | | | | | | |
| | | | | | | | | | |
| | | | | | | | | | |
| | | | | | | | | | |
| | | | | | | | | | |
| | | | | | | | | | |
| | | | | | | | | | |
| | | | | | | | | | |
| | | | | | | | | | |
| | | | | | | | | | |
| | | | | | | | | | |
| | | | | | | | | | |
| | | | | | | | | | |
| | | | | | | | | | |
| | | | | | | | | | |
| | | | | | | | | | |

| Date Range ______________________ | | | | Balance Brought Forward | | | | $ | |
|---|---|---|---|---|---|---|---|---|---|
| Debit/ Check Number | Date | Description of Transaction | √ | Withdrawal Amount/ Debit | | Deposit | | Balance | |
| | | | | | | | | | |
| | | | | | | | | | |
| | | | | | | | | | |
| | | | | | | | | | |
| | | | | | | | | | |
| | | | | | | | | | |
| | | | | | | | | | |
| | | | | | | | | | |
| | | | | | | | | | |
| | | | | | | | | | |
| | | | | | | | | | |
| | | | | | | | | | |
| | | | | | | | | | |
| | | | | | | | | | |
| | | | | | | | | | |
| | | | | | | | | | |
| | | | | | | | | | |

| Date Range ____________________ | | | Balance Brought Forward | | | | | $ | |
|---|---|---|---|---|---|---|---|---|---|
| Debit/ Check Number | Date | Description of Transaction | √ | Withdrawal Amount/ Debit | | Deposit | | Balance | |
| | | | | | | | | | |
| | | | | | | | | | |
| | | | | | | | | | |
| | | | | | | | | | |
| | | | | | | | | | |
| | | | | | | | | | |
| | | | | | | | | | |
| | | | | | | | | | |
| | | | | | | | | | |
| | | | | | | | | | |
| | | | | | | | | | |
| | | | | | | | | | |
| | | | | | | | | | |
| | | | | | | | | | |
| | | | | | | | | | |
| | | | | | | | | | |
| | | | | | | | | | |

| Date Range ____________________ | | | Balance Brought Forward | | | | $ | | |
|---|---|---|---|---|---|---|---|---|---|
| Debit/ Check Number | Date | Description of Transaction | √ | Withdrawal Amount/ Debit | | Deposit | | Balance | |
| | | | | | | | | | |
| | | | | | | | | | |
| | | | | | | | | | |
| | | | | | | | | | |
| | | | | | | | | | |
| | | | | | | | | | |
| | | | | | | | | | |
| | | | | | | | | | |
| | | | | | | | | | |
| | | | | | | | | | |
| | | | | | | | | | |
| | | | | | | | | | |
| | | | | | | | | | |
| | | | | | | | | | |
| | | | | | | | | | |
| | | | | | | | | | |
| | | | | | | | | | |

| Date Range ________________ | | | | Balance Brought Forward | | | | $ | |
|---|---|---|---|---|---|---|---|---|---|
| Debit/ Check Number | Date | Description of Transaction | √ | Withdrawal Amount/ Debit | | Deposit | | Balance | |
| | | | | | | | | | |
| | | | | | | | | | |
| | | | | | | | | | |
| | | | | | | | | | |
| | | | | | | | | | |
| | | | | | | | | | |
| | | | | | | | | | |
| | | | | | | | | | |
| | | | | | | | | | |
| | | | | | | | | | |
| | | | | | | | | | |
| | | | | | | | | | |
| | | | | | | | | | |
| | | | | | | | | | |
| | | | | | | | | | |
| | | | | | | | | | |
| | | | | | | | | | |

| Date Range ______________________ | | | | Balance Brought Forward | | | | $ | |
|---|---|---|---|---|---|---|---|---|---|
| Debit/ Check Number | Date | Description of Transaction | √ | Withdrawal Amount/ Debit | | Deposit | | Balance | |
| | | | | | | | | | |
| | | | | | | | | | |
| | | | | | | | | | |
| | | | | | | | | | |
| | | | | | | | | | |
| | | | | | | | | | |
| | | | | | | | | | |
| | | | | | | | | | |
| | | | | | | | | | |
| | | | | | | | | | |
| | | | | | | | | | |
| | | | | | | | | | |
| | | | | | | | | | |
| | | | | | | | | | |
| | | | | | | | | | |
| | | | | | | | | | |
| | | | | | | | | | |

Date Range ____________________ Balance Brought Forward $

| Debit/ Check Number | Date | Description of Transaction | √ | Withdrawal Amount/ Debit | | Deposit | | Balance | |
|---|---|---|---|---|---|---|---|---|---|
| | | | | | | | | | |
| | | | | | | | | | |
| | | | | | | | | | |
| | | | | | | | | | |
| | | | | | | | | | |
| | | | | | | | | | |
| | | | | | | | | | |
| | | | | | | | | | |
| | | | | | | | | | |
| | | | | | | | | | |
| | | | | | | | | | |
| | | | | | | | | | |
| | | | | | | | | | |
| | | | | | | | | | |
| | | | | | | | | | |
| | | | | | | | | | |
| | | | | | | | | | |

| Date Range ______________________ | | | | Balance Brought Forward | | | | $ | |
|---|---|---|---|---|---|---|---|---|---|
| Debit/ Check Number | Date | Description of Transaction | √ | Withdrawal Amount/ Debit | | Deposit | | Balance | |
| | | | | | | | | | |
| | | | | | | | | | |
| | | | | | | | | | |
| | | | | | | | | | |
| | | | | | | | | | |
| | | | | | | | | | |
| | | | | | | | | | |
| | | | | | | | | | |
| | | | | | | | | | |
| | | | | | | | | | |
| | | | | | | | | | |
| | | | | | | | | | |
| | | | | | | | | | |
| | | | | | | | | | |
| | | | | | | | | | |
| | | | | | | | | | |

| Date Range ____________________ | | | | Balance Brought Forward | | | | $ | |
|---|---|---|---|---|---|---|---|---|---|
| Debit/ Check Number | Date | Description of Transaction | √ | Withdrawal Amount/ Debit | | Deposit | | Balance | |
| | | | | | | | | | |
| | | | | | | | | | |
| | | | | | | | | | |
| | | | | | | | | | |
| | | | | | | | | | |
| | | | | | | | | | |
| | | | | | | | | | |
| | | | | | | | | | |
| | | | | | | | | | |
| | | | | | | | | | |
| | | | | | | | | | |
| | | | | | | | | | |
| | | | | | | | | | |
| | | | | | | | | | |
| | | | | | | | | | |
| | | | | | | | | | |
| | | | | | | | | | |

| Date Range ______________________ | | | | Balance Brought Forward | | | | $ | |
|---|---|---|---|---|---|---|---|---|---|
| Debit/ Check Number | Date | Description of Transaction | √ | Withdrawal Amount/ Debit | | Deposit | | Balance | |
| | | | | | | | | | |
| | | | | | | | | | |
| | | | | | | | | | |
| | | | | | | | | | |
| | | | | | | | | | |
| | | | | | | | | | |
| | | | | | | | | | |
| | | | | | | | | | |
| | | | | | | | | | |
| | | | | | | | | | |
| | | | | | | | | | |
| | | | | | | | | | |
| | | | | | | | | | |
| | | | | | | | | | |
| | | | | | | | | | |
| | | | | | | | | | |
| | | | | | | | | | |

Date Range ______________________ Balance Brought Forward $

| Debit/ Check Number | Date | Description of Transaction | √ | Withdrawal Amount/ Debit | | Deposit | | Balance | |
|---|---|---|---|---|---|---|---|---|---|
| | | | | | | | | | |
| | | | | | | | | | |
| | | | | | | | | | |
| | | | | | | | | | |
| | | | | | | | | | |
| | | | | | | | | | |
| | | | | | | | | | |
| | | | | | | | | | |
| | | | | | | | | | |
| | | | | | | | | | |
| | | | | | | | | | |
| | | | | | | | | | |
| | | | | | | | | | |
| | | | | | | | | | |
| | | | | | | | | | |
| | | | | | | | | | |
| | | | | | | | | | |

Date Range ______________________ Balance Brought Forward $

| Debit/ Check Number | Date | Description of Transaction | √ | Withdrawal Amount/ Debit | | Deposit | | Balance | |
|---|---|---|---|---|---|---|---|---|---|
| | | | | | | | | | |
| | | | | | | | | | |
| | | | | | | | | | |
| | | | | | | | | | |
| | | | | | | | | | |
| | | | | | | | | | |
| | | | | | | | | | |
| | | | | | | | | | |
| | | | | | | | | | |
| | | | | | | | | | |
| | | | | | | | | | |
| | | | | | | | | | |
| | | | | | | | | | |
| | | | | | | | | | |
| | | | | | | | | | |
| | | | | | | | | | |
| | | | | | | | | | |

| Date Range ____________________ | | | Balance Brought Forward | | | | | $ | |
|---|---|---|---|---|---|---|---|---|---|
| Debit/ Check Number | Date | Description of Transaction | √ | Withdrawal Amount/ Debit | | Deposit | | Balance | |
| | | | | | | | | | |
| | | | | | | | | | |
| | | | | | | | | | |
| | | | | | | | | | |
| | | | | | | | | | |
| | | | | | | | | | |
| | | | | | | | | | |
| | | | | | | | | | |
| | | | | | | | | | |
| | | | | | | | | | |
| | | | | | | | | | |
| | | | | | | | | | |
| | | | | | | | | | |
| | | | | | | | | | |
| | | | | | | | | | |
| | | | | | | | | | |
| | | | | | | | | | |

Date Range ______________________ | Balance Brought Forward | $

| Debit/ Check Number | Date | Description of Transaction | √ | Withdrawal Amount/ Debit | | Deposit | | Balance | |
|---|---|---|---|---|---|---|---|---|---|
| | | | | | | | | | |
| | | | | | | | | | |
| | | | | | | | | | |
| | | | | | | | | | |
| | | | | | | | | | |
| | | | | | | | | | |
| | | | | | | | | | |
| | | | | | | | | | |
| | | | | | | | | | |
| | | | | | | | | | |
| | | | | | | | | | |
| | | | | | | | | | |
| | | | | | | | | | |
| | | | | | | | | | |
| | | | | | | | | | |
| | | | | | | | | | |
| | | | | | | | | | |

| Date Range ____________________ | | | Balance Brought Forward | | | | | $ | |
|---|---|---|---|---|---|---|---|---|---|
| Debit/ Check Number | Date | Description of Transaction | √ | Withdrawal Amount/ Debit | | Deposit | | Balance | |
| | | | | | | | | | |
| | | | | | | | | | |
| | | | | | | | | | |
| | | | | | | | | | |
| | | | | | | | | | |
| | | | | | | | | | |
| | | | | | | | | | |
| | | | | | | | | | |
| | | | | | | | | | |
| | | | | | | | | | |
| | | | | | | | | | |
| | | | | | | | | | |
| | | | | | | | | | |
| | | | | | | | | | |
| | | | | | | | | | |
| | | | | | | | | | |
| | | | | | | | | | |

| Date Range ______________________ | | | | Balance Brought Forward | | | | $ | |
|---|---|---|---|---|---|---|---|---|---|
| Debit/ Check Number | Date | Description of Transaction | √ | Withdrawal Amount/ Debit | | Deposit | | Balance | |
| | | | | | | | | | |
| | | | | | | | | | |
| | | | | | | | | | |
| | | | | | | | | | |
| | | | | | | | | | |
| | | | | | | | | | |
| | | | | | | | | | |
| | | | | | | | | | |
| | | | | | | | | | |
| | | | | | | | | | |
| | | | | | | | | | |
| | | | | | | | | | |
| | | | | | | | | | |
| | | | | | | | | | |
| | | | | | | | | | |
| | | | | | | | | | |
| | | | | | | | | | |

| Date Range ________________________ | | | Balance Brought Forward | | | | | $ | |
|---|---|---|---|---|---|---|---|---|---|
| Debit/ Check Number | Date | Description of Transaction | √ | Withdrawal Amount/ Debit | | Deposit | | Balance | |
| | | | | | | | | | |
| | | | | | | | | | |
| | | | | | | | | | |
| | | | | | | | | | |
| | | | | | | | | | |
| | | | | | | | | | |
| | | | | | | | | | |
| | | | | | | | | | |
| | | | | | | | | | |
| | | | | | | | | | |
| | | | | | | | | | |
| | | | | | | | | | |
| | | | | | | | | | |
| | | | | | | | | | |
| | | | | | | | | | |
| | | | | | | | | | |
| | | | | | | | | | |

| Date Range ____________________ | | | Balance Brought Forward | | | | | $ | |
|---|---|---|---|---|---|---|---|---|---|
| Debit/ Check Number | Date | Description of Transaction | √ | Withdrawal Amount/ Debit | | Deposit | | Balance | |
| | | | | | | | | | |
| | | | | | | | | | |
| | | | | | | | | | |
| | | | | | | | | | |
| | | | | | | | | | |
| | | | | | | | | | |
| | | | | | | | | | |
| | | | | | | | | | |
| | | | | | | | | | |
| | | | | | | | | | |
| | | | | | | | | | |
| | | | | | | | | | |
| | | | | | | | | | |
| | | | | | | | | | |
| | | | | | | | | | |
| | | | | | | | | | |
| | | | | | | | | | |

| Date Range ______________________ | | | | Balance Brought Forward | | | | $ | |
|---|---|---|---|---|---|---|---|---|---|
| Debit/ Check Number | Date | Description of Transaction | √ | Withdrawal Amount/ Debit | | Deposit | | Balance | |
| | | | | | | | | | |
| | | | | | | | | | |
| | | | | | | | | | |
| | | | | | | | | | |
| | | | | | | | | | |
| | | | | | | | | | |
| | | | | | | | | | |
| | | | | | | | | | |
| | | | | | | | | | |
| | | | | | | | | | |
| | | | | | | | | | |
| | | | | | | | | | |
| | | | | | | | | | |
| | | | | | | | | | |
| | | | | | | | | | |
| | | | | | | | | | |
| | | | | | | | | | |

| Date Range ____________________ | | | | Balance Brought Forward | | | | $ | |
|---|---|---|---|---|---|---|---|---|---|
| Debit/ Check Number | Date | Description of Transaction | √ | Withdrawal Amount/ Debit | | Deposit | | Balance | |
| | | | | | | | | | |
| | | | | | | | | | |
| | | | | | | | | | |
| | | | | | | | | | |
| | | | | | | | | | |
| | | | | | | | | | |
| | | | | | | | | | |
| | | | | | | | | | |
| | | | | | | | | | |
| | | | | | | | | | |
| | | | | | | | | | |
| | | | | | | | | | |
| | | | | | | | | | |
| | | | | | | | | | |
| | | | | | | | | | |
| | | | | | | | | | |
| | | | | | | | | | |

| Date Range ______________________ | | | | Balance Brought Forward | | | | $ | |
|---|---|---|---|---|---|---|---|---|---|
| Debit/ Check Number | Date | Description of Transaction | √ | Withdrawal Amount/ Debit | | Deposit | | Balance | |
| | | | | | | | | | |
| | | | | | | | | | |
| | | | | | | | | | |
| | | | | | | | | | |
| | | | | | | | | | |
| | | | | | | | | | |
| | | | | | | | | | |
| | | | | | | | | | |
| | | | | | | | | | |
| | | | | | | | | | |
| | | | | | | | | | |
| | | | | | | | | | |
| | | | | | | | | | |
| | | | | | | | | | |
| | | | | | | | | | |
| | | | | | | | | | |
| | | | | | | | | | |

Date Range ______________________ Balance Brought Forward $

| Debit/ Check Number | Date | Description of Transaction | √ | Withdrawal Amount/ Debit | | Deposit | | Balance | |
|---|---|---|---|---|---|---|---|---|---|
| | | | | | | | | | |
| | | | | | | | | | |
| | | | | | | | | | |
| | | | | | | | | | |
| | | | | | | | | | |
| | | | | | | | | | |
| | | | | | | | | | |
| | | | | | | | | | |
| | | | | | | | | | |
| | | | | | | | | | |
| | | | | | | | | | |
| | | | | | | | | | |
| | | | | | | | | | |
| | | | | | | | | | |
| | | | | | | | | | |
| | | | | | | | | | |
| | | | | | | | | | |

Date Range ______________________ Balance Brought Forward $

| Debit/ Check Number | Date | Description of Transaction | √ | Withdrawal Amount/ Debit | | Deposit | | Balance | |
|---|---|---|---|---|---|---|---|---|---|
| | | | | | | | | | |
| | | | | | | | | | |
| | | | | | | | | | |
| | | | | | | | | | |
| | | | | | | | | | |
| | | | | | | | | | |
| | | | | | | | | | |
| | | | | | | | | | |
| | | | | | | | | | |
| | | | | | | | | | |
| | | | | | | | | | |
| | | | | | | | | | |
| | | | | | | | | | |
| | | | | | | | | | |
| | | | | | | | | | |
| | | | | | | | | | |
| | | | | | | | | | |

| Date Range ____________________ | | | Balance Brought Forward | | | | | $ | |
|---|---|---|---|---|---|---|---|---|---|
| Debit/ Check Number | Date | Description of Transaction | √ | Withdrawal Amount/ Debit | | Deposit | | Balance | |
| | | | | | | | | | |
| | | | | | | | | | |
| | | | | | | | | | |
| | | | | | | | | | |
| | | | | | | | | | |
| | | | | | | | | | |
| | | | | | | | | | |
| | | | | | | | | | |
| | | | | | | | | | |
| | | | | | | | | | |
| | | | | | | | | | |
| | | | | | | | | | |
| | | | | | | | | | |
| | | | | | | | | | |
| | | | | | | | | | |
| | | | | | | | | | |
| | | | | | | | | | |

| Date Range ______________________ | | | | Balance Brought Forward | | | | $ | |
|---|---|---|---|---|---|---|---|---|---|
| Debit/ Check Number | Date | Description of Transaction | √ | Withdrawal Amount/ Debit | | Deposit | | Balance | |
| | | | | | | | | | |
| | | | | | | | | | |
| | | | | | | | | | |
| | | | | | | | | | |
| | | | | | | | | | |
| | | | | | | | | | |
| | | | | | | | | | |
| | | | | | | | | | |
| | | | | | | | | | |
| | | | | | | | | | |
| | | | | | | | | | |
| | | | | | | | | | |
| | | | | | | | | | |
| | | | | | | | | | |
| | | | | | | | | | |
| | | | | | | | | | |
| | | | | | | | | | |

| Date Range ______________ | | | Balance Brought Forward | | | | | $ | |
|---|---|---|---|---|---|---|---|---|---|
| Debit/ Check Number | Date | Description of Transaction | √ | Withdrawal Amount/ Debit | | Deposit | | Balance | |
| | | | | | | | | | |
| | | | | | | | | | |
| | | | | | | | | | |
| | | | | | | | | | |
| | | | | | | | | | |
| | | | | | | | | | |
| | | | | | | | | | |
| | | | | | | | | | |
| | | | | | | | | | |
| | | | | | | | | | |
| | | | | | | | | | |
| | | | | | | | | | |
| | | | | | | | | | |
| | | | | | | | | | |
| | | | | | | | | | |
| | | | | | | | | | |
| | | | | | | | | | |

| Date Range ____________________ | | | Balance Brought Forward | | | | | $ | |
|---|---|---|---|---|---|---|---|---|---|
| Debit/ Check Number | Date | Description of Transaction | √ | Withdrawal Amount/ Debit | | Deposit | | Balance | |
| | | | | | | | | | |
| | | | | | | | | | |
| | | | | | | | | | |
| | | | | | | | | | |
| | | | | | | | | | |
| | | | | | | | | | |
| | | | | | | | | | |
| | | | | | | | | | |
| | | | | | | | | | |
| | | | | | | | | | |
| | | | | | | | | | |
| | | | | | | | | | |
| | | | | | | | | | |
| | | | | | | | | | |
| | | | | | | | | | |
| | | | | | | | | | |
| | | | | | | | | | |

| Date Range ____________________ | | | | Balance Brought Forward | | | | $ | |
|---|---|---|---|---|---|---|---|---|---|
| Debit/ Check Number | Date | Description of Transaction | √ | Withdrawal Amount/ Debit | | Deposit | | Balance | |
| | | | | | | | | | |
| | | | | | | | | | |
| | | | | | | | | | |
| | | | | | | | | | |
| | | | | | | | | | |
| | | | | | | | | | |
| | | | | | | | | | |
| | | | | | | | | | |
| | | | | | | | | | |
| | | | | | | | | | |
| | | | | | | | | | |
| | | | | | | | | | |
| | | | | | | | | | |
| | | | | | | | | | |
| | | | | | | | | | |
| | | | | | | | | | |
| | | | | | | | | | |

| Date Range ____________________ | | | Balance Brought Forward | | | | $ | | |
|---|---|---|---|---|---|---|---|---|---|
| Debit/ Check Number | Date | Description of Transaction | √ | Withdrawal Amount/ Debit | | Deposit | | Balance | |
| | | | | | | | | | |
| | | | | | | | | | |
| | | | | | | | | | |
| | | | | | | | | | |
| | | | | | | | | | |
| | | | | | | | | | |
| | | | | | | | | | |
| | | | | | | | | | |
| | | | | | | | | | |
| | | | | | | | | | |
| | | | | | | | | | |
| | | | | | | | | | |
| | | | | | | | | | |
| | | | | | | | | | |
| | | | | | | | | | |
| | | | | | | | | | |
| | | | | | | | | | |

| Date Range ______________________ | | | | Balance Brought Forward | | | | $ | |
|---|---|---|---|---|---|---|---|---|---|
| Debit/ Check Number | Date | Description of Transaction | √ | Withdrawal Amount/ Debit | | Deposit | | Balance | |
| | | | | | | | | | |
| | | | | | | | | | |
| | | | | | | | | | |
| | | | | | | | | | |
| | | | | | | | | | |
| | | | | | | | | | |
| | | | | | | | | | |
| | | | | | | | | | |
| | | | | | | | | | |
| | | | | | | | | | |
| | | | | | | | | | |
| | | | | | | | | | |
| | | | | | | | | | |
| | | | | | | | | | |
| | | | | | | | | | |
| | | | | | | | | | |
| | | | | | | | | | |

| Date Range ____________ | | | | Balance Brought Forward | | | | $ | |
|---|---|---|---|---|---|---|---|---|---|
| Debit/ Check Number | Date | Description of Transaction | √ | Withdrawal Amount/ Debit | | Deposit | | Balance | |
| | | | | | | | | | |
| | | | | | | | | | |
| | | | | | | | | | |
| | | | | | | | | | |
| | | | | | | | | | |
| | | | | | | | | | |
| | | | | | | | | | |
| | | | | | | | | | |
| | | | | | | | | | |
| | | | | | | | | | |
| | | | | | | | | | |
| | | | | | | | | | |
| | | | | | | | | | |
| | | | | | | | | | |
| | | | | | | | | | |
| | | | | | | | | | |
| | | | | | | | | | |

| Date Range ______________________ | | | | Balance Brought Forward | | | | $ | |
|---|---|---|---|---|---|---|---|---|---|
| Debit/ Check Number | Date | Description of Transaction | √ | Withdrawal Amount/ Debit | | Deposit | | Balance | |
| | | | | | | | | | |
| | | | | | | | | | |
| | | | | | | | | | |
| | | | | | | | | | |
| | | | | | | | | | |
| | | | | | | | | | |
| | | | | | | | | | |
| | | | | | | | | | |
| | | | | | | | | | |
| | | | | | | | | | |
| | | | | | | | | | |
| | | | | | | | | | |
| | | | | | | | | | |
| | | | | | | | | | |
| | | | | | | | | | |
| | | | | | | | | | |
| | | | | | | | | | |

| Date Range ______________________ | | | | Balance Brought Forward | | | $ | | |
|---|---|---|---|---|---|---|---|---|---|
| Debit/ Check Number | Date | Description of Transaction | √ | Withdrawal Amount/ Debit | | Deposit | | Balance | |
| | | | | | | | | | |
| | | | | | | | | | |
| | | | | | | | | | |
| | | | | | | | | | |
| | | | | | | | | | |
| | | | | | | | | | |
| | | | | | | | | | |
| | | | | | | | | | |
| | | | | | | | | | |
| | | | | | | | | | |
| | | | | | | | | | |
| | | | | | | | | | |
| | | | | | | | | | |
| | | | | | | | | | |
| | | | | | | | | | |

| Date Range ______________________ | | | | Balance Brought Forward | | | | $ | |
|---|---|---|---|---|---|---|---|---|---|
| Debit/ Check Number | Date | Description of Transaction | √ | Withdrawal Amount/ Debit | | Deposit | | Balance | |
| | | | | | | | | | |
| | | | | | | | | | |
| | | | | | | | | | |
| | | | | | | | | | |
| | | | | | | | | | |
| | | | | | | | | | |
| | | | | | | | | | |
| | | | | | | | | | |
| | | | | | | | | | |
| | | | | | | | | | |
| | | | | | | | | | |
| | | | | | | | | | |
| | | | | | | | | | |
| | | | | | | | | | |
| | | | | | | | | | |
| | | | | | | | | | |
| | | | | | | | | | |

| Date Range ______________ | | | Balance Brought Forward | | | | $ | | |
|---|---|---|---|---|---|---|---|---|---|
| Debit/ Check Number | Date | Description of Transaction | √ | Withdrawal Amount/ Debit | | Deposit | | Balance | |
| | | | | | | | | | |
| | | | | | | | | | |
| | | | | | | | | | |
| | | | | | | | | | |
| | | | | | | | | | |
| | | | | | | | | | |
| | | | | | | | | | |
| | | | | | | | | | |
| | | | | | | | | | |
| | | | | | | | | | |
| | | | | | | | | | |
| | | | | | | | | | |
| | | | | | | | | | |
| | | | | | | | | | |
| | | | | | | | | | |
| | | | | | | | | | |

Date Range ____________________ Balance Brought Forward $

| Debit/ Check Number | Date | Description of Transaction | √ | Withdrawal Amount/ Debit | | Deposit | | Balance | |
|---|---|---|---|---|---|---|---|---|---|
| | | | | | | | | | |
| | | | | | | | | | |
| | | | | | | | | | |
| | | | | | | | | | |
| | | | | | | | | | |
| | | | | | | | | | |
| | | | | | | | | | |
| | | | | | | | | | |
| | | | | | | | | | |
| | | | | | | | | | |
| | | | | | | | | | |
| | | | | | | | | | |
| | | | | | | | | | |
| | | | | | | | | | |
| | | | | | | | | | |
| | | | | | | | | | |
| | | | | | | | | | |

| Date Range ______________________ | | | | | | | Balance Brought Forward | | $ |
|---|---|---|---|---|---|---|---|---|---|
| Debit/ Check Number | Date | Description of Transaction | √ | Withdrawal Amount/ Debit | | Deposit | | Balance | |
| | | | | | | | | | |
| | | | | | | | | | |
| | | | | | | | | | |
| | | | | | | | | | |
| | | | | | | | | | |
| | | | | | | | | | |
| | | | | | | | | | |
| | | | | | | | | | |
| | | | | | | | | | |
| | | | | | | | | | |
| | | | | | | | | | |
| | | | | | | | | | |
| | | | | | | | | | |
| | | | | | | | | | |
| | | | | | | | | | |
| | | | | | | | | | |
| | | | | | | | | | |

| Date Range ______________ | | | Balance Brought Forward | | | $ |
|---|---|---|---|---|---|---|
| Debit/ Check Number | Date | Description of Transaction | √ | Withdrawal Amount/ Debit | Deposit | Balance |
| | | | | | | |
| | | | | | | |
| | | | | | | |
| | | | | | | |
| | | | | | | |
| | | | | | | |
| | | | | | | |
| | | | | | | |
| | | | | | | |
| | | | | | | |
| | | | | | | |
| | | | | | | |
| | | | | | | |
| | | | | | | |
| | | | | | | |
| | | | | | | |
| | | | | | | |

| Date Range ____________________ | | | | Balance Brought Forward | | | | $ | |
|---|---|---|---|---|---|---|---|---|---|
| Debit/ Check Number | Date | Description of Transaction | √ | Withdrawal Amount/ Debit | | Deposit | | Balance | |
| | | | | | | | | | |
| | | | | | | | | | |
| | | | | | | | | | |
| | | | | | | | | | |
| | | | | | | | | | |
| | | | | | | | | | |
| | | | | | | | | | |
| | | | | | | | | | |
| | | | | | | | | | |
| | | | | | | | | | |
| | | | | | | | | | |
| | | | | | | | | | |
| | | | | | | | | | |
| | | | | | | | | | |
| | | | | | | | | | |
| | | | | | | | | | |
| | | | | | | | | | |

| Date Range ______________________ | | | | Balance Brought Forward | | | | $ | |
|---|---|---|---|---|---|---|---|---|---|
| Debit/ Check Number | Date | Description of Transaction | √ | Withdrawal Amount/ Debit | | Deposit | | Balance | |
| | | | | | | | | | |
| | | | | | | | | | |
| | | | | | | | | | |
| | | | | | | | | | |
| | | | | | | | | | |
| | | | | | | | | | |
| | | | | | | | | | |
| | | | | | | | | | |
| | | | | | | | | | |
| | | | | | | | | | |
| | | | | | | | | | |
| | | | | | | | | | |
| | | | | | | | | | |
| | | | | | | | | | |
| | | | | | | | | | |
| | | | | | | | | | |
| | | | | | | | | | |

| Date Range ______________________ | | | Balance Brought Forward | | | | | $ | |
|---|---|---|---|---|---|---|---|---|---|
| Debit/ Check Number | Date | Description of Transaction | √ | Withdrawal Amount/ Debit | | Deposit | | Balance | |
| | | | | | | | | | |
| | | | | | | | | | |
| | | | | | | | | | |
| | | | | | | | | | |
| | | | | | | | | | |
| | | | | | | | | | |
| | | | | | | | | | |
| | | | | | | | | | |
| | | | | | | | | | |
| | | | | | | | | | |
| | | | | | | | | | |
| | | | | | | | | | |
| | | | | | | | | | |
| | | | | | | | | | |
| | | | | | | | | | |
| | | | | | | | | | |
| | | | | | | | | | |

| Date Range ________________ | | | | Balance Brought Forward | | | | $ | |
|---|---|---|---|---|---|---|---|---|---|
| Debit/ Check Number | Date | Description of Transaction | √ | Withdrawal Amount/ Debit | | Deposit | | Balance | |
| | | | | | | | | | |
| | | | | | | | | | |
| | | | | | | | | | |
| | | | | | | | | | |
| | | | | | | | | | |
| | | | | | | | | | |
| | | | | | | | | | |
| | | | | | | | | | |
| | | | | | | | | | |
| | | | | | | | | | |
| | | | | | | | | | |
| | | | | | | | | | |
| | | | | | | | | | |
| | | | | | | | | | |
| | | | | | | | | | |
| | | | | | | | | | |
| | | | | | | | | | |

| Date Range ______________________ | | | Balance Brought Forward | | | | $ | | |
|---|---|---|---|---|---|---|---|---|---|
| Debit/ Check Number | Date | Description of Transaction | √ | Withdrawal Amount/ Debit | | Deposit | | Balance | |
| | | | | | | | | | |
| | | | | | | | | | |
| | | | | | | | | | |
| | | | | | | | | | |
| | | | | | | | | | |
| | | | | | | | | | |
| | | | | | | | | | |
| | | | | | | | | | |
| | | | | | | | | | |
| | | | | | | | | | |
| | | | | | | | | | |
| | | | | | | | | | |
| | | | | | | | | | |
| | | | | | | | | | |
| | | | | | | | | | |
| | | | | | | | | | |

| Date Range ______________________ | | | | Balance Brought Forward | | | | $ | |
|---|---|---|---|---|---|---|---|---|---|
| Debit/ Check Number | Date | Description of Transaction | √ | Withdrawal Amount/ Debit | | Deposit | | Balance | |
| | | | | | | | | | |
| | | | | | | | | | |
| | | | | | | | | | |
| | | | | | | | | | |
| | | | | | | | | | |
| | | | | | | | | | |
| | | | | | | | | | |
| | | | | | | | | | |
| | | | | | | | | | |
| | | | | | | | | | |
| | | | | | | | | | |
| | | | | | | | | | |
| | | | | | | | | | |
| | | | | | | | | | |
| | | | | | | | | | |
| | | | | | | | | | |
| | | | | | | | | | |

| Date Range ________________________ | | | Balance Brought Forward | | | | $ | | |
|---|---|---|---|---|---|---|---|---|---|
| Debit/ Check Number | Date | Description of Transaction | √ | Withdrawal Amount/ Debit | | Deposit | | Balance | |
| | | | | | | | | | |
| | | | | | | | | | |
| | | | | | | | | | |
| | | | | | | | | | |
| | | | | | | | | | |
| | | | | | | | | | |
| | | | | | | | | | |
| | | | | | | | | | |
| | | | | | | | | | |
| | | | | | | | | | |
| | | | | | | | | | |
| | | | | | | | | | |
| | | | | | | | | | |
| | | | | | | | | | |
| | | | | | | | | | |
| | | | | | | | | | |
| | | | | | | | | | |

| Date Range ________________ | | | | Balance Brought Forward | | | | $ | |
|---|---|---|---|---|---|---|---|---|---|
| Debit/ Check Number | Date | Description of Transaction | √ | Withdrawal Amount/ Debit | | Deposit | | Balance | |
| | | | | | | | | | |
| | | | | | | | | | |
| | | | | | | | | | |
| | | | | | | | | | |
| | | | | | | | | | |
| | | | | | | | | | |
| | | | | | | | | | |
| | | | | | | | | | |
| | | | | | | | | | |
| | | | | | | | | | |
| | | | | | | | | | |
| | | | | | | | | | |
| | | | | | | | | | |
| | | | | | | | | | |
| | | | | | | | | | |
| | | | | | | | | | |

| Date Range ________________________ | | | | Balance Brought Forward | | | | $ | |
|---|---|---|---|---|---|---|---|---|---|
| Debit/ Check Number | Date | Description of Transaction | √ | Withdrawal Amount/ Debit | | Deposit | | Balance | |
| | | | | | | | | | |
| | | | | | | | | | |
| | | | | | | | | | |
| | | | | | | | | | |
| | | | | | | | | | |
| | | | | | | | | | |
| | | | | | | | | | |
| | | | | | | | | | |
| | | | | | | | | | |
| | | | | | | | | | |
| | | | | | | | | | |
| | | | | | | | | | |
| | | | | | | | | | |
| | | | | | | | | | |
| | | | | | | | | | |
| | | | | | | | | | |
| | | | | | | | | | |

| Date Range ______________________ | Balance Brought Forward | $ |
| --- | --- | --- |

| Debit/ Check Number | Date | Description of Transaction | √ | Withdrawal Amount/ Debit | | Deposit | | Balance | |
| --- | --- | --- | --- | --- | --- | --- | --- | --- | --- |
| | | | | | | | | | |
| | | | | | | | | | |
| | | | | | | | | | |
| | | | | | | | | | |
| | | | | | | | | | |
| | | | | | | | | | |
| | | | | | | | | | |
| | | | | | | | | | |
| | | | | | | | | | |
| | | | | | | | | | |
| | | | | | | | | | |
| | | | | | | | | | |
| | | | | | | | | | |
| | | | | | | | | | |
| | | | | | | | | | |
| | | | | | | | | | |
| | | | | | | | | | |

| Date Range ____________________ | | | | Balance Brought Forward | | | | $ | |
|---|---|---|---|---|---|---|---|---|---|
| Debit/ Check Number | Date | Description of Transaction | √ | Withdrawal Amount/ Debit | | Deposit | | Balance | |
| | | | | | | | | | |
| | | | | | | | | | |
| | | | | | | | | | |
| | | | | | | | | | |
| | | | | | | | | | |
| | | | | | | | | | |
| | | | | | | | | | |
| | | | | | | | | | |
| | | | | | | | | | |
| | | | | | | | | | |
| | | | | | | | | | |
| | | | | | | | | | |
| | | | | | | | | | |
| | | | | | | | | | |
| | | | | | | | | | |
| | | | | | | | | | |

| Date Range ______________________ | | | Balance Brought Forward | | | | | $ | |
|---|---|---|---|---|---|---|---|---|---|
| Debit/ Check Number | Date | Description of Transaction | √ | Withdrawal Amount/ Debit | | Deposit | | Balance | |
| | | | | | | | | | |
| | | | | | | | | | |
| | | | | | | | | | |
| | | | | | | | | | |
| | | | | | | | | | |
| | | | | | | | | | |
| | | | | | | | | | |
| | | | | | | | | | |
| | | | | | | | | | |
| | | | | | | | | | |
| | | | | | | | | | |
| | | | | | | | | | |
| | | | | | | | | | |
| | | | | | | | | | |
| | | | | | | | | | |
| | | | | | | | | | |
| | | | | | | | | | |

| Date Range ________________ | | | | Balance Brought Forward | | | | $ | |
|---|---|---|---|---|---|---|---|---|---|
| Debit/ Check Number | Date | Description of Transaction | √ | Withdrawal Amount/ Debit | | Deposit | | Balance | |
| | | | | | | | | | |
| | | | | | | | | | |
| | | | | | | | | | |
| | | | | | | | | | |
| | | | | | | | | | |
| | | | | | | | | | |
| | | | | | | | | | |
| | | | | | | | | | |
| | | | | | | | | | |
| | | | | | | | | | |
| | | | | | | | | | |
| | | | | | | | | | |
| | | | | | | | | | |
| | | | | | | | | | |
| | | | | | | | | | |
| | | | | | | | | | |
| | | | | | | | | | |

Date Range ____________________ | Balance Brought Forward | $

| Debit/ Check Number | Date | Description of Transaction | √ | Withdrawal Amount/ Debit | | Deposit | | Balance | |
|---|---|---|---|---|---|---|---|---|---|
| | | | | | | | | | |
| | | | | | | | | | |
| | | | | | | | | | |
| | | | | | | | | | |
| | | | | | | | | | |
| | | | | | | | | | |
| | | | | | | | | | |
| | | | | | | | | | |
| | | | | | | | | | |
| | | | | | | | | | |
| | | | | | | | | | |
| | | | | | | | | | |
| | | | | | | | | | |
| | | | | | | | | | |
| | | | | | | | | | |
| | | | | | | | | | |
| | | | | | | | | | |

Date Range ______________________ | Balance Brought Forward | $

| Debit/ Check Number | Date | Description of Transaction | √ | Withdrawal Amount/ Debit | | Deposit | | Balance | |
|---|---|---|---|---|---|---|---|---|---|
| | | | | | | | | | |
| | | | | | | | | | |
| | | | | | | | | | |
| | | | | | | | | | |
| | | | | | | | | | |
| | | | | | | | | | |
| | | | | | | | | | |
| | | | | | | | | | |
| | | | | | | | | | |
| | | | | | | | | | |
| | | | | | | | | | |
| | | | | | | | | | |
| | | | | | | | | | |
| | | | | | | | | | |
| | | | | | | | | | |
| | | | | | | | | | |
| | | | | | | | | | |

| Date Range ____________ | | | | Balance Brought Forward | | | | $ | |
|---|---|---|---|---|---|---|---|---|---|
| Debit/ Check Number | Date | Description of Transaction | √ | Withdrawal Amount/ Debit | | Deposit | | Balance | |
| | | | | | | | | | |
| | | | | | | | | | |
| | | | | | | | | | |
| | | | | | | | | | |
| | | | | | | | | | |
| | | | | | | | | | |
| | | | | | | | | | |
| | | | | | | | | | |
| | | | | | | | | | |
| | | | | | | | | | |
| | | | | | | | | | |
| | | | | | | | | | |
| | | | | | | | | | |
| | | | | | | | | | |
| | | | | | | | | | |
| | | | | | | | | | |
| | | | | | | | | | |

Date Range ____________________ | Balance Brought Forward | $

| Debit/ Check Number | Date | Description of Transaction | √ | Withdrawal Amount/ Debit | | Deposit | | Balance | |
|---|---|---|---|---|---|---|---|---|---|
| | | | | | | | | | |
| | | | | | | | | | |
| | | | | | | | | | |
| | | | | | | | | | |
| | | | | | | | | | |
| | | | | | | | | | |
| | | | | | | | | | |
| | | | | | | | | | |
| | | | | | | | | | |
| | | | | | | | | | |
| | | | | | | | | | |
| | | | | | | | | | |
| | | | | | | | | | |
| | | | | | | | | | |
| | | | | | | | | | |
| | | | | | | | | | |
| | | | | | | | | | |

| Date Range ______________ | | | | Balance Brought Forward | | | | $ | |
|---|---|---|---|---|---|---|---|---|---|
| Debit/ Check Number | Date | Description of Transaction | √ | Withdrawal Amount/ Debit | | Deposit | | Balance | |
| | | | | | | | | | |
| | | | | | | | | | |
| | | | | | | | | | |
| | | | | | | | | | |
| | | | | | | | | | |
| | | | | | | | | | |
| | | | | | | | | | |
| | | | | | | | | | |
| | | | | | | | | | |
| | | | | | | | | | |
| | | | | | | | | | |
| | | | | | | | | | |
| | | | | | | | | | |
| | | | | | | | | | |
| | | | | | | | | | |
| | | | | | | | | | |
| | | | | | | | | | |

| Date Range ________________ | | | | | | Balance Brought Forward | | $ | |
|---|---|---|---|---|---|---|---|---|---|
| Debit/ Check Number | Date | Description of Transaction | √ | Withdrawal Amount/ Debit | | Deposit | | Balance | |
| | | | | | | | | | |
| | | | | | | | | | |
| | | | | | | | | | |
| | | | | | | | | | |
| | | | | | | | | | |
| | | | | | | | | | |
| | | | | | | | | | |
| | | | | | | | | | |
| | | | | | | | | | |
| | | | | | | | | | |
| | | | | | | | | | |
| | | | | | | | | | |
| | | | | | | | | | |
| | | | | | | | | | |
| | | | | | | | | | |
| | | | | | | | | | |
| | | | | | | | | | |

Date Range ______________________ | Balance Brought Forward | $

| Debit/ Check Number | Date | Description of Transaction | √ | Withdrawal Amount/ Debit | | Deposit | | Balance | |
|---|---|---|---|---|---|---|---|---|---|
| | | | | | | | | | |
| | | | | | | | | | |
| | | | | | | | | | |
| | | | | | | | | | |
| | | | | | | | | | |
| | | | | | | | | | |
| | | | | | | | | | |
| | | | | | | | | | |
| | | | | | | | | | |
| | | | | | | | | | |
| | | | | | | | | | |
| | | | | | | | | | |
| | | | | | | | | | |
| | | | | | | | | | |
| | | | | | | | | | |

www.ingramcontent.com/pod-product-compliance
Lightning Source LLC
Chambersburg PA
CBHW081006170526
45158CB00010B/2927
* 9 7 8 1 0 8 1 9 1 0 4 6 4 *